José, un joven como tú

Escrito e ilustrado por

Ana M. Hernández González

EdicionesEleos

Ana M. Hernández González
Autora e ilustradora

Frank J. Ortiz Bello
Editor

ISBN: 978-1-881741-90-9

Fotografía de la portada ID 4032477 © Thomas Perkins | Dreamstime.com

Ediciones Eleos
Dorado, Puerto Rico
www.edicioneseleos.com

Ediciones Eleos es una división de FJ Multimedia LLC.

A mi nieto Rubén Matteo Nieves Ortiz.

Rubén, tu nombre significa: ¡mira un hijo! y Matteo: gran regalo de Dios. Ellos me recuerdan continuamente que soy bendecida con estrellas en mi cabello plateado (Proverbios 17:6).

Ahora tienes tres años de edad, pero muy pronto abrirás este libro y aquí estarán mis palabras para recordarte que la fe en Dios, el amor y el perdón vencen toda adversidad.

Te amo profundamente;

Aba Ana

Agradecimientos

Al Señor Jesús mi Maestro, de quien aprendí el valor del amor incondicional, el perdón y el trabajo entre niños.

A mi esposo Ramón por animarme a escribir y a publicar.

A Raquel Cajigas, compañera y maestra bíblica en la Asociación Bíblica y Misionera; por compartir sus ideas y su tiempo.

A mi amiga de muchos años, Damaris Cordero, pastora asociada en la primera Iglesia Cristiana Asambleas de Dios en Kissimmee, escritora, traductora, mentora y profesora; por revisar este documento.

Tabla de contenido

Cómo utilizar este libro

Este libro tiene todo lo que necesita para ofrecer las 12 lecciones sobre la vida de José. Además, usted puede descargar de la web recursos adicionales para facilitarle el proceso de enseñanza y aprendizaje. Donde quiera que vea un *QR Code* como el de la imagen de abajo, solo tiene que escanearlo con el celular o con una tableta. Al escanearlo descargará materiales para utilizar en sus lecciones.

Dos de las lecciones contienen una versión para pre adolescentes y otra para niños primarios. Las imágenes que descarga en PDF las puede utilizar para presentar las ilustraciones en formato digital en una pantalla, o para imprimirlas y tenerlas en tamaño más grande.

QR Code

Escanee para descargar materiales adicionales

Introducción

—Misis Anita, esa película ya yo la sé —dijo Cesia, levantando la mano. La niña me confrontaba con la necesidad de actualizar las lecciones que estaba impartiendo en la iglesia. Era imperativo, viendo las necesidades de los niños y adolescentes, regresar a la Biblia en busca de respuestas para satisfacer las necesidades de ellos.

El niño y el adolescente de hoy están exponiéndose continuamente a la violencia, la pornografía, las adicciones, el *bullyng* y la soledad, entre otros. Esta es una sociedad convulsa que enseña antivalores como: el materialismo, el egoísmo, la complacencia y la gratificación inmediata. En medio de este ambiente, la Biblia dice: *Dirige a tus hijos por el camino correcto, y cuando sean mayores, no lo abandonarán.* (Proverbios 22:6 NTV)

Esta serie de doce lecciones sobre la vida de José, han sido preparadas para ayudar al niño y al adolescente a permanecer en el camino correcto. Son lecciones tomadas de la Biblia para acompañarlos en el mundo difícil que les ha tocado vivir. Lecciones con temas de actualidad que enseñan los principios cristianos. Principios que los ayudarán a tomar decisiones sabias. Principios que los ayudarán a desarrollar el carácter cristiano. Principios que revelan el maravilloso carácter de Dios.

¡Ese es mi hijo favorito!

Tema: El favoritismo

Objetivos

Estudiar el favoritismo en la familia de José para:

- ver las consecuencias;
- que los jóvenes y niños perdonen, como lo hizo José, cuando sean afectados por el favoritismo;
- que reciban a Jesucristo como Señor y Salvador.

Lectura bíblica

Génesis 37:1-11

Verso para aprender

Así como el Señor los perdonó, perdonen también ustedes. (Colosenses 3:13b NVI)

Recursos visuales

Láminas 1 y 2 de la historia de José, mapa conceptual, papeles, lápices y pegamento.

Actividad de inicio

Juegue el siguiente juego. Haga un círculo con los cuerpos de los participantes. Uno de ellos quedará afuera del círculo. A una señal dada, el que está afuera tratará de entrar al círculo, pero los que componen el círculo lo impedirán uniendo sus cuerpos. Al finalizar pregunte al que estaba afuera cómo se sintió al no poder entrar al círculo. **Diga:** Como ocurrió en este juego, a veces, podemos sentirnos excluido por un grupo. (Converse con ellos sobre los sentimientos que sufrimos al ser rechazados por personas significativas).

Actividad de conceptualización

Diga: Hoy vamos a comenzar a estudiar la vida de un joven como tú, que fue víctima del rechazo. Narre o lean la historia de José desde su nacimiento hasta el incidente del obsequio de la túnica de colores.

Pregunte: ¿Por qué Jacob le regaló esa túnica a José y no a sus hermanos? ¿Cómo te sentirías si tu papá solo le regalara a tu hermano y no a ti? Eso se llama favoritismo. (Escriba la palabra en la pizarra).

Cuando aparece en una familia provoca muchas emociones negativas entre sus miembros. ¿Cuáles son las consecuencias?

(Comience a hacer un mapa conceptual. Cada vez que ellos digan una consecuencia, producto del favoritismo, escríbala).

Ejemplo:

Aplicación

Diga: Dios es el más maravilloso Padre. Él no tiene hijos favoritos. En cambio, nosotros somos padres imperfectos. La familia de José experimentó sentimientos y acciones negativas que hicieron mucho daño. ¿Quién propició todo esto? Sí, el padre. Y es que los padres, a veces, cometemos graves errores que lastiman a los hijos. ¿Qué podemos hacer cuando esto ocurre? (Anote las respuestas que den).

Al finalizar **diga:** Lo único que impide que estos sentimientos se apoderen de nosotros, dañándonos y haciéndole daño a los demás, es el perdón. Para tener salud emocional, debemos conversar con la persona y decirle cómo nos sentimos.

Por ejemplo, **diga:** Cada vez que le das regalos a mi hermano y no me regalas a mí, yo me siento rechazado. Si la persona no te oye y sigue lastimándote, aun así, perdónala. Dilo a Dios en oración y dilo a ti mismo. Cada vez que lo recuerdes di lo (la) perdono.

Actividad de clausura

Dios hizo a todos los seres humanos con la misma dignidad. A todos les dio su imagen y semejanza (Génesis 1:26, 27). A todos los seres humanos los diseñó según su voluntad. NO ERES RECHAZABLE. Pero, solamente Dios reconoce como hijos a aquellos que creen y reciben a Jesucristo como Salvador y Señor de sus vidas. Eres tan valioso que Jesucristo dio su vida por ti en la cruz. El castigo que tú y yo merecíamos por portarnos mal lo recibió Jesús en la cruz. Reconoce que has hecho cosas malas que han herido el corazón de Dios y arrepiéntete. Cree que Jesucristo murió por tus pecados en la cruz y que resucitó. Arrepiéntete de las malas acciones. Pide perdón y recibe a Jesucristo como tu Salvador y Señor y tendrás el privilegio de ser hijo de Dios, de pertenecer a su familia. (Ore con ellos).

Diga: Ahora eres hijo de Dios. Cada vez que alguien te lastima, lo lastima a Él. Él sufre contigo. Para Dios todos sus hijos son igualmente importantes (Gálatas 3:27, 28). Él quiere que perdones porque el perdón trae salud. El perdón es poderoso para romper el mal. (Enseñe el verso para aprender). **Diga:** ¿Sientes que esa persona importante para ti favorece a otro y te rechaza? Vamos a hacerle una carta. (Escriba en la pizarra la siguiente carta para que ellos la completen).

Querid__ _____:

Escribo esta carta para comunicarte que cada vez que _____
_____

me siento _____.

Pero hoy aprendí que Dios me ama y me acepta como soy.

Hoy te perdono.

Por _____, te perdono.

Por _____, te perdono.

Con amor,

_____

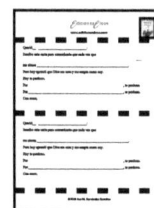

Al terminar pida que levanten la carta y oren con usted. Guíelos en la oración de gratitud a Dios por su amor; y de perdón a las personas significativas que los han herido.

Diga: Puedes entregar la carta a esa persona o guardarla y entregarla cuando lo creas conveniente.

Cuando perdemos a un ser querido

Tema: La pérdida

Objetivos

Estudiar el suceso de la muerte de la mamá de José para que:

- sepan qué hacer en caso de pérdida de un ser querido;

- entiendan que los seres que amamos se pueden ir algún día, pero Dios, nuestro Padre, permanece con nosotros para siempre.

Lectura bíblica

Génesis 35:16-19

Verso para aprender:

Yo estoy con vosotros todos los días hasta el fin del mundo. (Mateo 28:20 RVR1960)

Recursos visuales

Lámina 3 de la historia, dibujo de una lágrima gigante, cordón, cuentas y cruces.

Actividad de inicio

Dramatice la pérdida de un objeto valioso. Exprese frustración y/o molestia. Esto es tan solo un objeto, pero si fuera una persona ¿cómo me sentiría? Luego **pregunte:** ¿Cuántos han perdido algún amigo en este nuevo año escolar? ¿Les tocó el mismo grupo? ¿La misma escuela? Cuando perdemos un ser amado, sufrimos. ¿Por cuales otras razones podemos perder a un ser querido? (Anote las respuestas). Podemos perder un ser querido por: el divorcio, la enfermedad, los trabajos de los adultos, la deportación o la muerte. Nuestro amigo José experimentó el dolor de la pérdida de un ser querido.

Actividad de conceptualización

Narre o lea la historia de la muerte de Raquel, madre de José. Destaque que:

1. José hasta ese momento, era el único hijo de Raquel y Jacob.

2. Debió ser un niño muy mimado por sus padres.

3. Su madre murió de parto y esto es una muerte inesperada.

4. Fue enterrada a la orilla del camino en Belén.

5. La familia posteriormente siguió su camino.

6. Ahora José tenía un bebé por hermano (de padre y madre), además de sus hermanastros.

7. Aun así debió sentirse muy solo.

Aplicación

Pregunte: ¿Qué podemos hacer ante la pérdida de un ser amado? Escriban sobre el dibujo de una lágrima grande lo siguiente:

1. Llora. **Diga: E**stá bien que llores. Por medio del llanto liberas el dolor, pues en esos momentos es posible que sientas soledad, vacío, letargo y aislamiento. Puede que quieras dejar de pensar en lo ocurrido y no puedas. A veces no se puede hacer ni las tareas diarias.

2. Recuerda que Jesús te comprende y Él siente tu dolor.

3. Ora. Dile a Jesús que te ayude a sentirte bien otra vez.

4. Piensa en cosas buenas.

5. Habla con tus amigos sobre lo ocurrido.

6. Recuerda que la recuperación es gradual. La vida se vuelve a organizar poco a poco. Se entra nuevamente en la rutina.

7. Por último, ve lo que pasó y cómo Dios te acompañó por medio de tus familiares y amigos.

Finalmente **diga:** Hay un ser amoroso que prometió estar al lado de sus hijos siempre. Jesús dijo: Yo estoy con vosotros todos los días, hasta el fin del mundo. (Mateo 28:20 RVR1960). Esta promesa es para los hijos de Dios. Dios quiere que todos lleguen a ser sus hijos. Solamente podemos ser sus hijos si nos arrepentimos de nuestros pecados y recibimos a Jesucristo como nuestro Salvador personal y Señor.

Jesús nos conoce y aun así nos ama. Él sabe cuándo nos portamos mal. A Él le duele porque el mal nos daña. Nosotros merecíamos morir por nuestras maldades, pero Él sufrió nuestro castigo en la cruz. Él está a nuestro lado siempre y, cuando sufrimos pérdidas, llora con nosotros. Jesús nunca nos abandonará. Dios es Padre Celestial en el cielo y Padre Celestial en nuestro corazón. Jesús vino no solo a darnos acceso a Dios Padre sino a adoptarnos como sus hijos. Su amor y su ternura nos consuela cuando sufrimos el dolor de cualquier pérdida.

Actividad de clausura

Ore con ellos pidiendo perdón por los pecados y recibiendo a Jesús como Salvador y Señor. Agradezcan al Señor su dulce presencia y su promesa de amor y cuidado durante el dolor de alguna pérdida.

Actividad manual

Confeccione una pulsera insertando cuentas en un cordón. Inserte también una pequeña cruz. **Diga:** Esta cruz es para recordar que Jesús está a nuestro lado siempre.

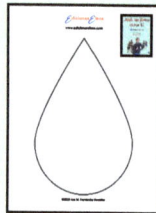

¡Llámame por mi nombre!

Tema: El apodo (mote, sobrenombre o mal nombre)

Lectura bíblica:

Génesis 37:5-20; Isaías 43:1

Objetivos:

- Que los jóvenes no les pongan apodos a sus compañeros.
- Que no reciban apodos de nadie.
- Que crean y reciban el nombre que Dios les dio.

Verso para aprender:

No temas, porque yo te redimí; te puse nombre, mío eres tú. (Isaías 43:1 RVR1960)

Recursos visuales:

Lámina 4 de la historia, una bolsita de arroz, placa (tablilla) de cartón como la que usan los carros, lápices de colores y pegatinas con diferentes temas.

Actividad de inicio

Lleve una lista de apodos y léala a los jóvenes. **Pregunte:** ¿Te han llamado así? ¿Dónde? ¿Cómo te sentiste? ¿Qué otro apodo te han dado? ¿Para qué se dicen los apodos? Los apodos o malos nombres se dicen para herir, para hacer que el joven se enoje o para burlarse de él. Reparta un papel y lápiz a cada joven. Pídale que escriba un apodo o sobrenombre que en algún momento le han dicho. Recoja los papeles y léalos para que el grupo trate de identificar a quién le dieron ese nombre. Escriba en un papel el nombre soñador y péguelo en la pizarra con la cara del papel hacia abajo. **Diga:** A José le pusieron un apodo también. En la otra cara de este papel está escrito ese apodo. Vamos a escuchar la historia para que me digan cuál fue el apodo que le pusieron y qué él hizo al respecto.

Actividades de conceptualización

Narre o lea la historia destacando:

- Que los hermanos sentían celos y envidia por el favoritismo de su padre.
- El apodo que le pusieron fue «el soñador».
- Dios le reveló a José por medio de sueños un futuro especial, sería el líder entre sus hermanos.
- Sus hermanos lo llamaron así porque querían herirlo.
- José sabía que Dios lo amaba. Él creyó y recibió lo que dijo Dios y no le dio importancia a lo que decían de él sus hermanos.

Aplicación

Diga: Como José debemos creer lo que Dios ha dicho de nosotros y rechazar los apodos. ¿Qué cosas Dios te ha dicho? ¿Qué dice la Biblia sobre ti?

La Biblia dice que tú eres:

- Hijo desde que creíste en Jesús como tu Salvador y Señor y le recibiste en tu corazón (Romanos 10:9).
- Especial, mereces respeto.
- Miembro de la familia de Dios.

Dios es tu Padre y te da:

1. contacto físico sano por medio de tu familia, amigos e iglesia que te aman;
2. valoración - eres muy especial, muy amado pues Jesús murió por ti;

3. compañía - Jesús prometió que estaría contigo siempre;

4. un futuro especial.

Es importante que sepas quién eres. Si no sabes quién eres el diablo te va a decir quién no eres para hacerte sufrir por medio de otros. ¿A quién vas a creer, a Dios o al diablo?

Haga el siguiente ejercicio. Llame a un joven y dígale que va a lanzarle un saquito de arroz al momento de decirle un apodo o una palabra. Deberá agarrar el saquito cuando lo que se diga de él sea verdadero y digno, o dejarlo caer cuando lo que se diga sea un apodo o una mentira.

Sabiendo quién eres en Dios, debes confrontar al agresor. La clave es no molestarse. Cuando te molestas no piensas, no sabes qué decir y cometes errores. Si reaccionas enfurecido se agrava el problema porque el agresor habrá conseguido su propósito y lo seguirá haciendo. Sé firme y dile mirándolo a los ojos: No me gusta, no recibo eso.

Otra manera de tratar esta agresión es cambiar el significado de lo que dicen. Por ejemplo: si te dicen que pareces un tomate, puedes decirle: ¡perfecto, soy muy saludable! Si te mantienes firme en no molestarte y en confrontar al agresor, habrás vencido. Si la agresión escala a ser física, díselo a un adulto.

Pregunte: ¿Qué puedes hacer si alguien te pone apodos en la iglesia? Usa la misma técnica. En Mateo 18:15 el Señor Jesús nos dice que debemos hablar con el ofensor. Si no te hace caso, díselo a tus líderes y a tus padres.

¿Qué puedes hacer en la escuela? De igual manera, habla con el ofensor y si no te escucha dilo a tus maestros y a tus padres para que se tome acción. Por último, perdona a esa persona y ora por ella.

Actividad de clausura

Ore con ellos agradeciéndole a Dios por:

- Haberlos hecho sus hijos por medio de Jesús.
- Ser un Padre que siempre los valora y respeta.
- Tener un futuro especial.
- Que se ha comprometido a estar con ellos siempre.
- Darles una familia y una iglesia donde reciben contactos sanos de amor y respeto.

Actividad manual

Entregue placas o tablillas de cartón, como la que usan los carros, para que coloreen sus nombres y las decoren con pegatinas. Si es posible busque los significados de sus nombres y expréseles admiración.

¡Cuidado con lo que dices!

Tema: El chota (la persona que pone quejas)

Objetivos:

- Que los jóvenes sepan cuándo deben contar a los adultos algo acerca de otros.

Lectura bíblica:

Génesis 37:1-4

Verso para aprender:

Y todo lo que hagan, háganlo con amor. (1 Corintios 16:14 PDT)

Recursos visuales:

Lámina 4 de la historia, cartulina blanca, marcadores, ojos plásticos y palitos de madera.

Actividad de inicio

Dramatice una situación en donde un ayudante haga algo prohibido y uno de los jóvenes lo acuse. El ayudante en cuestión llamará al que lo acusa, «chota». **Pregunte:** ¿Has escuchado la palabra chota? ¿Qué significa? ¿Cómo te sentirías si te la dijeran a ti?

Actividad de conceptualización

Lea el pasaje bíblico. Luego, **diga:** Nuestro amigo José contaba todo lo que hacían sus hermanos a su padre. ¿Debió contar a su padre lo que hacían sus hermanos? ¿Por qué? Permita que se expresen. ¿Cuándo debemos contar? ¿Cuándo debemos callar? Presente el verso para aprender. Este verso nos ayuda a saber cuándo debemos contar o callar. Debemos examinar los motivos del corazón. Pregúntate:

—¿lo que digo, lo digo para que lo castiguen por lo que me hizo o porque no quiero que le pase nada malo?

—¿Lo contaré porque lo amo y quiero protegerlo o porque quiero sobresalir como bueno?

Aplicación

¿Sabías que Dios nos ama tanto que a veces cuando ve que hacemos algo malo, calla por amor y nos da oportunidades para que nos arrepintamos del mal? Pero, si no nos arrepentimos, el mal nos alcanza con consecuencias dolorosas.

Resuma con ellos cuándo debemos contar a los adultos lo que hacen otros niños. Señale que debe ser cuando esté en peligro la vida o la propiedad de ese niño o ese joven. Nos debe mover solamente el amor por ellos.

Actividad de clausura

Ore con ellos pidiéndole a Dios que les dé el valor para hacer lo correcto, aunque los que actúan mal piensen y digan que ellos son «chotas».

Actividad manual

Sobre un plato de papel dibujarán caras. Por un lado, una cara con la boca abierta y por el otro lado una cara con la boca cerrada. Este plato estará sostenido por un palito de madera. Pegarán ojos de plástico a las caras.

Al final de esta actividad, presente situaciones para que muestren la cara con la boca abierta cuando deba ser contada y la cara con la boca cerrada cuando no deba ser contada.

Ejemplos:

- Mi hermano peleó en la escuela. ¿Debo contarlo? ¿Por qué?
- Mi hermano no quiere jugar conmigo. ¿Debo contarlo? ¿Por qué?
- Mi vecino rompió mi juguete. ¿Debo contarlo?
- Mi hermano no hizo la tarea. ¿Debo contarlo?
- Mi amigo no me hace caso. ¿Debo contarlo?
- Mi hermana se comió mi merienda. ¿Debo contarlo?

El porqué nos ayuda a examinar los motivos de nuestro corazón. Antes de poner quejas, piensa y ve los motivos. Antes de contar, habla con la persona.

No, al maltrato

Tema: El abuso

Objetivos:

- Que los jóvenes identifiquen el maltrato verbal, emocional y físico.
- Que aprendan a defenderse del maltrato.

Lectura bíblica:

Génesis 37:18-36

Verso para aprender:

Antes sed benignos unos con otros, misericordiosos, perdonándoos unos a otros, como Dios también os perdonó a vosotros en Cristo. (Efesios 4:32 RVR1960)

Recursos visuales:

Láminas 4, 5 y 6 de la historia, rollo de papel toalla, pizarra, escudo de cartón, marcadores y bolas de espuma plástica.

Actividad de inicio

Presente un rollo de papel toalla y **diga:** La vida de este joven fue como un gran rollo de problemas. Vamos a mencionar algunos de esos problemas que hemos estudiado. Por cada uno de los problemas que mencionen saque una hoja de papel del rollo. Deben mencionar:

- El favoritismo
- La pérdida
- Las madrastras
- El apodo
- El abuso

Hoy vamos a estudiar el problema del abuso (muchas veces el abuso es dentro de la familia).

Actividad de conceptualización

Lea o narre la historia destacando:

- Que los hermanos lo aborrecían y no podían hablarle pacíficamente, esto es maltrato verbal (v. 4).
- Lo dejaron solo y lo amenazaron, esto es maltrato emocional (v. 12).
- Le quitaron la túnica de colores y lo echaron en la cisterna, esto es maltrato físico (vs. 23 al 28).

Pregunte: ¿Cómo se debió haber sentido José?

Aplicación

Diga: ¿Cómo te sentirías tú? ¿Has sufrido alguno de esto maltratos? ¿Cómo podemos defendernos del maltrato? Permita que los participantes den su opinión. Luego **diga** y escriba en la pizarra lo que podemos hacer.

Diga: No, no lo recibo.

- No recibas en tu interior ninguna palabra, ni acción abusiva, tú vales mucho.
- Huye del lugar.
- Cuéntalo a alguna persona de autoridad para que te ayude.
- Perdona al agresor, esa persona está enferma y necesita ayuda también.

Pregunte: ¿Cuál es tu rollo? Como con José, Dios está de tu lado y te quiere ayudar. Nosotros también estamos contigo para ayudarte.

Por otro lado, si has abusado de alguien, no solo hieres a esa persona, estás hiriendo a Dios. Pide perdón a Dios y a esa persona. (Presente el verso para aprender). Enfatice el ser benignos y misericordiosos.

Ore con ellos por los jóvenes maltratados y los agresores para que sean sanados. Si hay alguna víctima de maltrato, déjelo contar su experiencia, luego ore con él para que perdone a su agresor y sea sanado. Al finalizar refiera el caso al pastor para evaluación y hacer el trámite a la agencia pertinente.

Actividad manual

Construyan un escudo de cartón contra el maltrato. Escriban sobre la cara del escudo que está expuesta la palabra fe y en la otra cara del escudo las siguientes frases o palabras: Soy hijo de Dios (Juan 1:12), único (Salmos 139:13-16), amado (Juan 3:16). Utilizando bolas de espuma plástica escritas con palabras ofensivas, juegue con ellos. Lánceles las bolas para que ellos las rechacen con sus escudos.

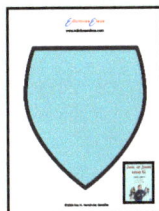

¡No quiero tener envidia! (para pre adolescentes)

CLASE 6A

Tema: La envidia

Objetivos:

Que los jóvenes entiendan:

- qué es la envidia,
- cómo nos afecta,
- cómo identificarla para renunciar a ella.

Lectura bíblica:

Génesis 37:18-36 y Hechos 7:9

Verso para aprender:

El amor es comprensivo y servicial, el amor nada sabe de envidias, de jactancias, ni de orgullo. (1 Corintios 13:4 BHTI)

Recursos visuales:

Lámina 7 de la historia, espejos, marcos de cartón, marcadores y pegatinas.

Actividad de inicio

Diga: Piensa en tu mejor amigo. ¿Qué características te gustan de él? (Permita que los participantes se expresen y anote sus respuestas). A veces, cuando amamos a alguien queremos parecernos a esa persona; lo vemos como un ejemplo para ser imitado. Pero en otras ocasiones, nos sentimos infelices y enojados porque deseamos lo que esa persona tiene. Pensamos que es injusto que esa persona tenga algo que yo no tengo. Pensamos que merecemos tener eso porque somos superiores a esa persona, o porque tenemos temor a que el grupo valore más a esa persona que a nosotros. Ese sentimiento se llama envidia y es un deseo enfermo de ocupar el lugar que tiene esa persona en la vida. (Coloque el rayo con la palabra envidia —que aparece en la lámina 7— en la pizarra).

Actividad de conceptualización

Lea o narre la historia de la venta de José a los mercaderes madianitas. **Pregunte:** ¿Qué cosas sus hermanos envidiaban? Anótelas.

Ellos envidiaban a José porque:

- El padre lo prefería.
- Tenía la tarea de ser informante.
- Tenía la mejor ropa, la túnica representaba la primogenitura.
- Tenía inteligencia.
- Era hermoso y de buena presencia (Génesis 39:6).

Coloque el corazón dividido por la envidia (de la lámina 7).

Diga: detrás de la envidia hay mentiras que la alimentan. Veamos algunas:

Mentiras	Verdad
Dios me debe, no me hizo como a esa persona.	Dios te hizo único.
Dios no me ama.	Eres amado por Dios desde tu concepción. (Salmos 139:13-16)
No valgo porque no tengo.	Vales por quién eres.
Si no soy como él, seré rechazado. (TEMOR)	No eres rechazable, Dios te amó.
No soy importante, no sirvo. (INFERIORIDAD)	Eres importante, Dios tiene un plan maravilloso para ti.
Soy mejor que esa persona. (ORGULLO)	Ante Dios nadie es mejor.
Tengo sueños que son amenazados por esa persona.	Lo que Dios te da nadie te lo puede quitar. Además, Dios está más interesado en desarrollar tu carácter que en el logro de tus sueños. (Salmos 105:19)

La envidia es un pecado que trae consecuencias muy dañinas porque:

- Juzga a Dios como injusto.
- No deja progresar porque estamos muy ocupados comparándonos.
- Roba el gozo.
- Rompe relaciones.
- Nos impide trabajar en equipo porque desvaloramos lo que la persona hace o dice.
- Es un fruto de nuestra naturaleza pecaminosa. (Gálatas 5:21)
- Produce obras perversas. (Santiago 3:16)
- Todos hemos sentido envidia. ¿Qué hacemos para librarnos de ella? (Tito 3:3-7)

Aplicación

Evalúa si te sientes infeliz porque deseas:

- La apariencia que tiene...
- La habilidad que tiene...
- La oportunidad que tiene...
- La salud que tiene...

- El dinero que tiene…
- La posición que tiene…

Entonces:

- Conoce a nuestro Padre Dios por su Palabra. Él es: sabio, generoso, amoroso, omnisciente y tiene un maravilloso plan para ti.
- Ve al trono de su gracia y expón esos deseos franca y abiertamente. Lea Santiago 4:1-10. **Diga:** a Dios le importa cada aspecto de nuestra vida.
- Pide perdón por la envidia.
- Pide a Dios que te bendiga de la manera que Él sabe hacerlo y que te revele su amor en el proceso.
- Cuando Satanás te tiente, dile a Dios y a ti mismo: —Dios bendice a esa persona por la que siento envidia. Renuncio a la envidia. Gracias por lo que me has dado y por lo que me darás. Quiero amar a esa persona y estaré contento con lo que tengo.

La Biblia dice que para Dios todos somos únicos, importantes, valiosos. Cada uno es amado por Dios. Dios amó a cada uno de los hermanos de José. Con cada uno de ellos también tenía un bello plan. Por ejemplo, de la familia de Judá nacería Jesús nuestro Salvador y Señor. De la familia de Leví nacería Moisés el libertador de su pueblo. De la familia de Benjamín nacería el apóstol Pablo, el más grande misionero.

Ore con los participantes pidiendo perdón por la envidia, renunciando a ella y agradeciendo a Dios su maravilloso plan para sus vidas.

Actividad manual

Entregue un espejo y un marco de cartón. Que escriban sobre el marco las siguientes palabras: único, valioso, con futuro especial, amado. Decoren con pegatinas. Por detrás, que escriban sus nombres y peguen el verso para aprender.

Diga: cada vez que te mires en este espejo recuerda lo especial que eres.

¡No quiero tener envidia! (para niños principiantes)

Tema: La envidia

Objetivos:

- Entender qué es la envidia y cómo nos afecta.
- Identificar la envidia y renunciar a ella.

Lectura bíblica:

Génesis 37:18-36 y Hechos 7:9

Verso para aprender:

El amor es comprensivo y servicial, el amor nada sabe de envidias, de jactancias, ni de orgullo. (1 Corintios 13:4 BHTI)

Recursos visuales:

Lámina 7 de la historia, una foto o dibujo de dos niños diferentes, espejos y marcos de cartón, marcadores y pegatinas.

Actividad de inicio

Muestre una foto de dos niños diferentes. **Diga** que ellos son amigos; que uno de los niños quiere tener la altura que tiene su amigo mientras que el otro quiere tener los músculos que él tiene. A veces, cuando amamos a alguien queremos parecernos a esa persona; lo vemos como un ejemplo para ser imitado. Pero en otras ocasiones, nos sentimos infelices y enojados porque deseamos lo que esa persona tiene. Pensamos que es injusto que esa persona tenga algo que yo no tengo. Pensamos que merecemos tener eso porque somos superiores a esa persona, o porque tenemos temor a que el grupo valore más a esa persona que a nosotros. Por esta razón a veces silenciosamente le hacemos daño con nuestras palabras y acciones. Ese sentimiento se llama envidia. Es un deseo enfermo de ocupar el lugar que tiene esa persona en la vida. (Coloque el rayo con la palabra envidia —que aparece en la lámina 7— en la pizarra).

Actividad de conceptualización

Lea o narre la historia de la venta de José a los mercaderes madianitas. **Pregunte:** ¿Qué cosas sus hermanos envidiaban? Anótelas.

Ellos envidiaban a José por:

- El amor del padre.
- El trabajo que el padre le dio, ser informante.
- Tenía la mejor ropa, la túnica representaba la primogenitura.
- Tenía inteligencia.
- Era hermoso y de buena presencia (Génesis 39:6).

Pegue el corazón dividido —de la lámina 7— y coloque el rayo con la palabra envidia en medio. La envidia es un pecado porque:

- Juzga a Dios como injusto.
- Divide las relaciones (presente el corazón dividido).
- Hace daño al prójimo y a uno mismo.

Detrás de la envidia hay mentiras que nos creemos como pensar que los demás niños son mejores porque tienen algo que yo no tengo. O pensar que el grupo no me aceptará porque no soy como esa persona. O que no soy importante. Sin embargo, la Biblia dice que para Dios todos somos únicos, importantes, valiosos. Cada uno es amado por Dios. Dios amó a cada uno de los hermanos de José. Con cada uno de ellos también tenía un bello plan. Por ejemplo, de la familia de Judá nacería Jesús nuestro Salvador y Señor. De la familia de Leví nacería Moisés el libertador de su pueblo. De la familia de Benjamín nacería el apóstol Pablo.

Aplicación

¿Cómo sé si siento envidia de otro compañero? Si me enojo cuando veo que otro tiene:

- la apariencia que yo no tengo.
- la habilidad que yo no tengo.
- la ropa que yo no tengo.
- los juguetes que yo no tengo.
- el dinero que yo no tengo; y quiero hacerle daño a esa persona o a lo que tiene para que no lo disfrute, entonces tengo envidia. La envidia es un pecado.

¿Qué puedo hacer para librarme de ese sentimiento? Sé sincero, pídele perdón a Dios. Dile a Dios y a ti mismo: —Bendice a esa persona que envidio. Renuncio a la envidia, no quiero sentirme así. Gracias por los planes que tienes para mi vida. Señor, quiero confiar en ti y tener contentamiento.

Ore con ellos.

Actividad manual

Entregue un espejo y un marco de cartón a cada participante. Que escriban sobre el marco las siguientes palabras: único, valioso, con futuro especial, amado. Decoren con pegatinas. Por detrás, peguen el verso para aprender y sus nombres. Cada vez que te mires en este espejo recuerda lo especial que eres.

Te reto a ser mejor, ¡tú puedes!

Tema: El reto

Objetivos:

- Que los jóvenes emulen a José aprovechando las oportunidades para aprender.
- Que en los trabajos den lo mejor de ellos.

Lectura bíblica:

Génesis 39:1

Verso para aprender:

Todo lo que te venga a la mano para hacer, hazlo según tus fuerzas... (Eclesiastés 9:10 RVR1960)

Recursos visuales:

Lámina 8 de la historia, recetas con sus ingredientes y utensilios, cartoncillo con el verso, marcos, pintura y esponja, pegatinas para decorar.

Actividad de inicio

Divida el grupo en dos. Lleve escrita dos recetas de cocina sencillas junto con los ingredientes. Deje que los participantes las confeccionen. Luego disfrútelas con ellos y evalúelas. Al finalizar **pregunte:** ¿Les gustó esta experiencia de aprendizaje?

Actividad de conceptualización

Diga: todo el tiempo estamos aprendiendo. Hay maneras placenteras de aprender y momentos en que el aprendizaje es forzado. ¿Cómo te sentirías si te llevaran lejos de tu familia a aprender y a trabajar en contra de tu voluntad? (Permítales expresar sus sentimientos). Luego lea o narre la historia de José al llegar a Egipto. Destaque que:

Él fue como esclavo, vendido a Potifar, quien era el capitán de la guardia del Faraón.

Potifar lo puso a aprender:

- agricultura, esto es ciencia.
- ganadería, esto es ciencia.
- administración, esto son matemáticas.
- idioma egipcio, esto es lenguaje.
- cultura egipcia, esto es estudios sociales.

A pesar de ser esclavo José no se negó, ni se reveló, sino que puso su empeño en aprender y trabajar según sus fuerzas. Presente el verso para aprender.

Dios estaba con José y prosperaba todo lo que hacía.

Potifar se dio cuenta y puso en sus manos todos sus negocios, de manera que su conducta le hizo merecedor de su confianza.

Aplicación

Diga: hoy tú, como José, puedes poner todo tu empeño en tus estudios; no solamente lo que te enseñan en la escuela, sino también lo que te enseñan en tu hogar. Te reto a estudiar con todo empeño y dedicación. Tus estudios son tu trabajo. Te garantizo que Dios igualmente estará contigo y serás una persona de confianza para todos. Dios te dio unas capacidades y espera que tú las desarrolles para bendición tuya y de los que te rodean. Llévelos a agradecer a Dios las capacidades que Él les dio y a hacer un compromiso de estudio ante Él.

Ore con ellos.

Actividad manual

Dele el verso bíblico para aprender escrito en un cartoncillo. Los Participantes lo colorearán, lo decorarán y lo enmarcarán.

¡Cuidado con la tentación! (para pre adolescentes)

Tema: La seducción

Objetivos:

- Que los jóvenes identifiquen la seducción para que la detengan.
- Que se conserven puros.

Lectura bíblica:

Génesis 39:6-20

Verso para aprender:

Huye de todo lo que estimule las pasiones juveniles. En cambio, sigue la vida recta, la fidelidad, el amor y la paz. Disfruta del compañerismo de los que invocan al Señor con un corazón puro. (2 Timoteo 2:22 NTV)

Recursos visuales:

Lámina 9 de la historia, caja de regalo, pizarra, cartoncillo, lápices de colores, pegatinas para decorar y marcos.

Actividad de inicio

Dramatice el siguiente incidente de seducción.

Dos enamorados entran tomados de la mano. Al llegar al frente del salón dialogan.

Mauricio: Lila, tú eres la chica de mis sueños. Nunca había sentido lo que siento por ti. ¿Me amas?

Lila: Mauricio, yo te amo. Quiero que vayas a mi casa. Que mis padres te conozcan. Que se den cuenta lo bueno que eres.

Mauricio: Creo que eso puede esperar. Aún estamos conociéndonos. Nuestra relación debe crecer más.

Lila: No entiendo, ya tenemos seis meses y parece que te conozco toda la vida.

Mauricio: Lila, preciosura, el contacto sexual hará que nuestra relación crezca.

Lila: Ahora no puedo, yo soy cristiana. Mis padres me matarían.

Mauricio: Si en realidad me amas me lo demostrarías. Si no lo haces me iré y no me volverás a ver.

Lila: Por favor Mauricio, no hables así. Entiende que esto es muy importante. Dame tiempo.

Mauricio: Está bien, piénsalo. Te veré mañana. (Se despide con un beso y sale. Lila queda triste.)

Lila: No, no lo quiero perder, ¿qué hago?

Fin.

Diga: ¿sabes cómo se llama lo que hace Mauricio? (Permita que los jóvenes se expresen). Esto se llama seducción.

Actividad de conceptualización

Diga: José sufrió la seducción en casa de Potifar. Lea o narre la historia de la seducción de José.

Destaque que:

- La esposa de Potifar se enamoró de José, no solo por sus virtudes, sino también porque era guapo y elegante.
- Ella lo hostigaba todos los días.
- Él la rechazó desde el primer momento. Le fue claro; le indicó que este acto sería una gran maldad contra Potifar y un pecado contra Dios.
- Ella lo estaba seduciendo, en realidad no lo amaba, lo quería usar para satisfacer sus pasiones.

- José evitaba estar solo con ella.
- Ella lo forzó físicamente.
- Él prefirió huir, correr antes que ceder.
- El costo de este acto fue la cárcel porque esta mujer lo acusó injustamente.

Presente el verso para aprender. **Pregunte:** ¿Creen que José siguió este mandamiento? ¿Por qué? ¿Cuán importante es no ceder? Después que ellos den su opinión, muestre un regalo mientras dice:

- El sexo es un maravilloso regalo de Dios para ser disfrutado, para ser abierto, en el matrimonio.
- Cuando se abusa del sexo fuera del matrimonio los jóvenes se exponen a muchos daños.

Escriba en la pizarra la frase: Posibles daños. Permita que ellos los mencionen y los escriban. Incluya los siguientes: Traerá sentimientos de: culpa, pérdida y vergüenza. Te sentirás usado por no haberte respetado. Te expondrás a enfermedades o a un embarazo no deseado. Le causarás un dolor a tus padres. Ofenderás a Dios. Probablemente esa pareja te abandonará.

Aplicación

Diga a cada uno de los jóvenes: ¿cómo podemos evitar la seducción?

Aprende a identificarla. La persona que seduce no ama, lo que quiere es satisfacer sus deseos egoístas. Recuerda que cada persona es de gran valor porque fue hecha a la imagen de Dios y debemos respetarla. Está mal seducir, manipular; esto es irrespeto. Al hacerlo le quitamos valor a la persona y la tratamos como un objeto que usamos para satisfacernos.

Cuando amamos respetamos y estamos dispuestos a esperar. Sostén una relación personal con Dios por medio de la oración y el estudio de la Biblia. Conversa con tus padres o personas significativas sobre estos temas. Escoge amigos que tengan tus mismos principios.

Prepárate con posibles respuestas a posibles seducciones. Discute las frases que usan los jóvenes para seducir que aparecen en las páginas 151 a la 154 de libro de Josh McDowell, *Cómo preparar a sus hijos para que digan NO a las presiones sexuales*. Ore con ellos comprometiéndose a esperar hasta el matrimonio.

Actividad manual

Entregue un cartoncillo con las oraciones: El verdadero amor espera… Soy muy valioso. Los participantes lo colorearán, decorarán y enmarcarán.

¡Cuidado con la tentación! (para niños principiantes)

Tema: La seducción

Objetivos:

- Que los niños identifiquen la seducción para que la detengan.

Lectura bíblica:

Génesis 39:6-20

Verso para aprender:

¡Gracias por hacerme tan maravilloso y complejo! (Salmos 139:14 NTV)

Recursos visuales:

Lámina 9 de la historia, cartoncillo con mensaje, lápices de colores, pegatinas y marco.

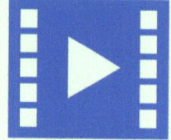

Actividad de inicio

Canción: Sésamo: *¡Muévete con ritmo!* Cante y baile con los niños. **Diga:** ¡cuán maravilloso es nuestro cuerpo! Cada parte del cuerpo fue creada por Dios. ¿Todos somos iguales? No, Él nos ama y nos hizo únicos. Escoja dos voluntarios. Destaque la belleza de las diferencias entre ellos. Lea el verso para aprender. Escríbalo en la pizarra y repítalo con ellos borrando una palabra cada vez, hasta que lo memoricen.

Actividad de conceptualización

Diga: Todo nuestro cuerpo es maravilloso. Tu cuerpo es un regalo de Dios. Es tuyo. Tú decides quién lo toca. Hay personas que nos tocan y nos hacen sentir bien. Hay toques buenos como cuando abrazamos a mamá o cuando besamos a un hermanito. Pero también, hay toques que nos hacen sentir mal, confundidos. Hay partes de nuestro cuerpo que cubrimos. Esas partes son delicadas y privadas. Nadie debe tocarlas, si alguien lo hace es abuso. La historia bíblica de José cuenta cómo él pudo librarse de los malos toques. Lea o narre la historia. (Destaque que él se negó a ser tocado y que corrió antes de ceder).

¿Cómo podemos prevenir ese abuso?

1. No te acerques a personas extrañas.
2. Camina en grupo.
3. Si alguien te pide que le toques sus partes privadas dile NO, aunque sea un familiar o amigo.
4. Si alguien intenta tocar tus partes privadas dile NO, aunque sea un familiar o amigo.
5. Corre lejos de esa persona.
6. Cuéntalo a tus padres, maestros o al trabajador social.
7. No cedas ante la propuesta de dinero, juguetes o comida.
8. No cedas ante la amenaza de que le hará daño a algún familiar.

Practica las siguientes mímicas mientras dices:

- No (levanta tu mano haciendo un movimiento para detener algún ataque).
- Corre lejos (corre).
- Cuenta a un adulto (ahueca tu mano y acércala a tu boca como cuando dices un secreto).

Actividad manual

Entregue un cartoncillo con el verso bíblico. Los participantes dibujarán su cuerpo en él, lo colorearán y decorarán para formar un autorretrato.

¡No te dejes presionar!

Tema: La presión de grupo

Objetivos:

- Que los jóvenes identifiquen la presión de grupo.

- Que descubran que el amor al Señor los capacita para vencerla.

Lectura bíblica:

Génesis 39:20-23 y 40:1-23

Verso para aprender:

...ni lo alto, ni lo profundo, ni ninguna otra cosa creada nos podrá separar del amor de Dios, que es en Cristo Jesús, Señor nuestro. (Romanos 8:39 RVR1960)

Recursos visuales:

Lámina 10 de la historia, cartulina en forma de corazón con el verso para aprender escrito en él, rótulos que digan droga, pornografía, robo. Además, mini tiesto, espigas, plastilina, clavos y alambre.

Actividad de inicio

Pida a uno de los jóvenes que pase al frente del salón y se pare sobre un cuadro pintado en el piso que dice cristianismo. Luego llame a otros tres jóvenes y póngales los siguientes rótulos: droga, pornografía y robo. Pídales a los jóvenes que uno a uno presione al que está parado sobre el círculo para hacerlo salir. Luego que presionen todos hasta que lo saquen. **Pregunte:** ¿qué hicieron los jóvenes? (Esta es una representación simbólica de las presiones a que los jóvenes y niños de hoy están expuestos). ¿Haz sentido alguna vez presión por tu grupo de amigos? ¿Qué clase de presión? Permita que los jóvenes se expresen.

Actividad de conceptualización

José sufrió también las presiones cuando estuvo confinado. En la cárcel, rodeado de delincuentes, José tuvo que escoger entre ceder o decir no a la presión de grupo.

Ser creyente en la bondad de Dios.	Ser incrédulo.
Actuar como hijo de Dios.	Actuar impíamente.
Aprender y trabajar haciendo el mejor esfuerzo en lo que lo pusieran.	Negarse a aprender y hacer chapucerías en los trabajos que le dieran.
Ser bueno a pesar de la presión del grupo y mantenerse firme en sus creencias.	Dejarse arrastrar por la presión del grupo y hacer lo que el grupo le pidiera.

¿Por cuál de estas opciones se decidió? ¿Qué sucedió? Aunque no lo creas, se ganó el respeto de los presos y del encargado de la cárcel. El jefe de la cárcel lo puso como administrador de la prisión. Dios lo prosperó y le permitió interpretar los sueños de dos de los sirvientes del faraón.

Aplicación

Diga: ¿cuál fue el secreto que le permitió a José escoger lo mejor y triunfar? Permita que los jóvenes den su opinión. Después muestre una cartulina en forma de corazón con el verso para memorizar. Pida que lo lean al unísono. **Diga:** la Biblia dice que Dios estaba con José. Él lo conocía como Padre y le demostró su amor con su conducta. Además, ganó el respeto de su grupo.

Vuelva a representar el drama de inicio. Esta vez, cuelgue la cartulina en forma de corazón del cuello del joven más fornido y pídale a uno de los ayudantes que se disfrace de Jesús. **Diga:** ahora cristiano tiene un gran amor por Dios y sabiendo que es débil, llama a Jesús. (Que se abrace al que representa a Jesús). ¿Podrá la presión del grupo moverlo de su fe? Pida a los jóvenes que lo empujaron, que empujen a los que están abrazados.

Diga: ¿cuántos quieren, como José, amar a Dios?

Ore con ellos pidiéndole a Dios que los haga conocer y experimentar el amor de Cristo. Que les dé valor para mantenerse firme; sin moverse de los valores, de la fe en Dios.

Actividad manual

Construirán un arreglo utilizando un mini tiesto, espigas, un clavo, alambre y plastilina. **Diga:** esta espiga es débil, fácilmente podría quebrarse; pero si amarro este clavo a ella con este alambre, no podrán romperla. De igual manera si estamos unidos a Jesús con amor, nada nos hará movernos de la fe.

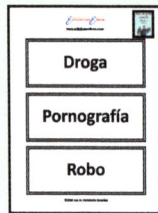

Dios tiene un plan para tu vida

Tema: Un maravilloso plan

Objetivos:

Que los jóvenes sepan que:

- Dios tiene un plan para sus vidas como lo tuvo para José.
- verán ese plan realizado en la medida en que le crean a Dios, lo amen y le obedezcan.

Lectura bíblica:

Génesis 41

Verso para aprender:

Pues yo sé los planes que tengo para ustedes —dice el Señor—. Son planes para lo bueno y no para lo malo, para darles un futuro y una esperanza. (Jeremías 29:11 NTV)

Recursos visuales:

Lámina 11 de la historia, dulces.

Actividad de inicio

Escoja cinco jóvenes y enséñele una rutina de movimientos corporales. Premie con dulces a los que la hicieron correctamente, menos a uno de ellos. Pídale secretamente al que no fue premiado que se queje. **Diga:** ¿te has preguntado por qué te tratan injustamente si hiciste el bien?

Actividad de conceptualización

Probablemente José se hizo la misma pregunta. Narre la historia destacando que:

- El copero se olvidó de José, pero Dios no. José estuvo dos años más en la cárcel.
- El sueño de faraón vino de parte de Dios. El sueño revelaba el futuro de Egipto.
- Nadie pudo interpretar el sueño.
- El copero le dijo a faraón que José podía interpretar el sueño y le cuenta su experiencia en la cárcel.
- Faraón lo llama y le cambian las ropas de preso por un traje de gala.
- José interpreta el sueño y da soluciones destacando que la interpretación vino de Dios.
- Faraón lo recluta para el trabajo de administrador del reino de Egipto.
- Dios salvó a Egipto y pueblos vecinos gracias al trabajo de José.
- Dios salvó a la familia de José de morir de hambre. Al salvarlos, salvó a la futura nación de Israel de la cual nació Jesús.
- Dios permitió todas estas experiencias a José porque tenía un maravilloso plan. Dios nunca dejó solo a José, él sabía que esas experiencias lo ayudarían a crecer como persona creada a su imagen. Dios lo usaría para salvar del hambre a Egipto y a su familia.

Aplicación

Diga: Dios estuvo preparando a José todos esos años para este momento. Dios tenía un maravilloso plan. Lea el verso para aprender. **Pregunte:** ¿por qué se realizó el plan? Sí, José no dudó de la bondad y sabiduría de Dios. Él sabía que Dios tenía un plan en mente. Se propuso aprender de todas las experiencias y actuar de manera que honrara a Dios.

Dios tiene un maravilloso plan para ti. ¿Quieres que se desarrolle el plan de Dios en tu vida? Puedes llegar a ser un mecánico, una enfermera, un conserje o una maestra que honre a Dios con su trabajo y sirva al prójimo con amor.

C L A S E

10

Guíelos en oración de manera que se comprometan a amar y honrar a Dios con sus actos aún cuando las cosas no salgan como las esperan.

Al joven que no le dio dulce en la actividad de inicio, dele un dulce más grande y dígale que planificó dar el dulce más grande al final para hacerlo crecer en fe y paciencia. De esta manera, desarrollas tu carácter y te haces mejor aprendiendo a esperar.

Actividad manual

Entregue un papel a cada participante. Pídale a cada uno que dibuje cómo se imagina cuando sea adulto. ¿Cuál es su sueño? ¿Qué oficio o trabajo hará? **Diga:** Si aún no has pensado al respecto, observa qué actividades te gustan y en cuáles eres bueno. Así irás identificando algún oficio o profesión. Recuerda que Dios te hizo único con unos propósitos en mente. Uno de esos propósitos es glorificarlo, y otro de esos propósitos es que sirvamos al prójimo por amor a Él.

Puede que tengas muchas habilidades. Puede que durante tu vida tengas varios oficios, como le pasó a José. Antes de que José fuera el segundo en mando después de faraón, fue pastor de ovejas, agricultor y administrador. Ora al Señor y pídele que te muestre cuál es el plan que tiene para ti.

Dele un sobre para que guarde el dibujo o una oración que describa sus deseos. Ore con ellos.

El pecado en nuestra vida

Tema: El pecado

Objetivos:

Que los participantes:

- identifiquen los pecados presentados en la vida de los hermanos de José;
- vean las consecuencias que tuvieron que afrontar por esta causa;
- que ellos mismos se identifiquen como pecadores;
- que vean que la única solución al problema del pecado es recibir a Jesucristo como Señor y Salvador.

Lectura bíblica:

Génesis 42

Verso para aprender:

Los que encubren sus pecados no prosperarán, pero si los confiesan y los abandonan, recibirán misericordia. (Proverbios 28:13 NTV)

Recursos visuales:

Lámina 12 de la historia, una caja de cartón con un agujero en forma de corazón en el medio, bolsitas de tela rellenas de arroz. La caja y las bolsitas de arroz se utilizarán para jugar al tiro al blanco.

Actividad de inicio

Juegue con ellos al tiro al blanco lanzando bolsitas de arroz al agujero en forma de corazón que hay en una caja. El agujero en forma de corazón es el blanco. El participante se deberá parar a una distancia de un metro de la caja. Desde allí, deberá entrar una de las bolsitas de arroz a la caja por el agujero en forma de corazón para ser ganador.

Actividad de conceptualización

Diga: ¿sabías que la palabra pecado, en el idioma hebreo, significa fallar el tiro al blanco o no alcanzar el objetivo? Por tanto, pecar es no alcanzar el objetivo de vivir conforme a la voluntad de Dios. Dios es nuestro Creador. Él nos conoce, nos ama y sabe qué es lo mejor para nosotros. Él tiene el derecho de decir qué debemos hacer y qué no. Por esta razón, dejó escrita su voluntad en los mandamientos. Si no cumplimos su voluntad sufriremos consecuencias dolorosas.

Los hermanos de José pecaron contra Dios, contra su familia y contra él. Repasemos algunos de sus pecados al recordar la historia bíblica.

¿Cuál pecado puedes identificar?

- Desear la posición de José al grado de hacerle daño. (ENVIDIA)
- Enviar la túnica ensangrentada a Jacob para que pensara que José había muerto. (ENGAÑO)
- Vender a José como una mercancía. (TRÁFICO HUMANO)
- Agredirlo emocional, verbal y físicamente. (AGRESIÓN) (Mateo 5:22)
  Observa que un pecado lleva a otro.

¿Cuáles fueron las dolorosas consecuencias?

- Separación de Dios
- Culpa
- División familiar
- Dolor
- Miedo

Enseñe la primera parte del verso para aprender. **Diga:** Los hermanos de José no fueron prosperados, no les fue bien; no recibieron la bendición durante todos los años que encubrieron su pecado. Ellos fallaron al blanco de hacer la voluntad de Dios. La voluntad de Dios es que amemos a cada persona, a nuestros familiares, amigos y enemigos. Que los tratemos con respeto y bondad. Dios dice: «Ama a tu prójimo como a ti mismo». (Mateo 22:39 NTV)

Lea o narre la historia de Génesis 42. **Pregunte:** ¿por qué José los manda a encarcelar? ¿Acaso no los había perdonado? José ciertamente los perdonó, solo quería probarlos. Quería ver si habían cambiado de actitud, si se habían arrepentido. Los hermanos no lo reconocieron, no sabían que él entendía su idioma. De manera que hablaron abiertamente sobre su pecado y de cómo se sentían al respecto. José descubrió que estaban arrepentidos. Pero, les faltaba confesar para alcanzar misericordia.

Aplicación

Como los hermanos de José, todos hemos pecado. La Biblia dice: «Pues todos hemos pecado; nadie puede alcanzar la meta gloriosa establecida por Dios». (Romanos 3:23 NTV). Hemos ofendido a Dios y a nuestro prójimo. No hemos amado. Hemos fallado al blanco. Repasemos los mandamientos en Éxodo 20.

1. No tengas otros dioses aparte de mí.
2. No te hagas ningún ídolo ni figura de lo que hay arriba en el cielo, ni de lo que hay abajo en la tierra, ni de lo que hay en el mar debajo de la tierra. No te inclines delante de ellos, ni les rindas culto.
3. No hagas mal uso del nombre del Señor tu Dios, pues Él no dejará sin castigo al que use mal su nombre.
4. Acuérdate del sábado para consagrarlo al Señor.
5. Honra a tu padre y a tu madre, para que vivas una larga vida en la tierra que te da el Señor.
6. No mates.
7. No cometas adulterio.
8. No robes.
9. No digas mentiras en perjuicio de tu prójimo.
10. No codicies…

Los primeros cuatro son sobre nuestra relación con Dios. Los siguientes seis son en relación con nuestro prójimo. Si practico lo que aquí se prohíbe, entonces no estoy demostrando amor a Dios y al prójimo. A la luz de los mandamientos, todos somos culpables, desobedientes, pecadores y merecemos el justo juicio de Dios. ¿Cuál es la sentencia? Romanos 6:23 (DHH) dice: «El pago que da el pecado es la muerte, pero el don de Dios es vida eterna en unión con Cristo Jesús, nuestro Señor». Gracias a Dios por Jesucristo; quien llevó nuestros pecados en su cuerpo en la cruz. Allí recibió el castigo que tú y yo merecíamos.

¿Qué necesitas hacer para vivir agradando a Dios como lo hizo José?

Para vivir según la voluntad de Dios debes:

- Reconocer que has pecado y arrepentirte de todo corazón.
- Creer que Jesús murió por tus pecados y que resucitó.
- Recibir a Jesús como tu Salvador y Señor.
- Mantener la comunicación con Dios por medio de la oración y la lectura de la Biblia.

Todos necesitamos a Jesús desesperadamente. Sin Él nunca podremos darle al blanco de la voluntad de Dios. ¿Quieres vivir según la voluntad de Dios?

Ore con los participantes.

Actividad manual

Construirán un anillo de alambre para recordar el compromiso de hacer la voluntad de Dios por medio de Jesucristo.

Soy libre al perdonar

Tema: El perdón

Objetivos:

Que los jóvenes perdonen a sus ofensores para que sanen, sean libres y felices.

Lectura bíblica:

Génesis 43, 44 y 45

Verso para aprender:

De la manera que Cristo os perdonó, así también hacedlo vosotros. (Colosenses 3:13 RVR1960)

Recursos visuales:

Láminas 13, 14 y 15 de la historia, cordón de lana y tijeras, papel con acróstico y diferentes adornos.

Actividad de inicio

Diga: la vida del joven José no fue fácil. Sin embargo, hemos aprendido de él lecciones de cómo vivir la vida exitosamente y agradando a Dios. Hoy vamos a considerar el factor que fue determinante en su manera de responder a las circunstancias. Para esto imaginemos a José por un momento respondiendo en forma diferente.

Llame a uno de los jóvenes para que represente a José y pídale en secreto que a todos los pedidos que haga conteste: no lo perdono. Mientras un ayudante lo envuelve con el hilo de lana atándolo, cada vez que diga no lo perdono.

Usted: José, he escuchado como tu padre ha ocasionado que tus hermanos te odien. Sé que debes sentir enojo hacia tu padre. Pero te pido que lo perdones.

José: No lo perdono.

Usted: José, te has sentido muy dolido por la muerte de tu madre. Estás enojado con ella porque te dejó solo. Por favor, perdónala.

José: No la perdono.

Usted: Tus madrastras no te ven con buenos ojos porque tu padre te compra mejores cosas a ti que a sus hijos. Sé bueno, perdónalas.

José: No las perdono.

Usted: Sé que no te gustó el mal nombre que te pusieron tus hermanos, es que sentían envidia. Perdónalos.

José: No los perdono.

Usted: Mira, a mí tampoco me gusta el maltrato. Eso de quitarte tu ropa nueva, romperla y después echarte al pozo, fue terrible. Y para colmo venderte como un objeto a extraños, seguramente es difícil pero no imposible. Por tu buen corazón, perdónalos.

José: No los perdono.

Usted: Esa mujer, la esposa de Potifar, la que quiso seducirte y luego te acusó injustamente, debió estar loca, perdónala.

José: No la perdono.

Usted: A esos que seguramente se burlaron de ti en la cárcel por tu excelente trabajo, perdónalos.

José: No los perdono.

Usted: Al copero que se olvidó de ti, perdónalo.

José: No lo perdono.

Usted: A Dios que permitió que te ocurrieran tantas injusticias a pesar de que siempre te portaste bien.

José: No lo perdono.

Pregunte: ¿un José atado por tanto dolor y resentimiento y con deseos de venganza podría salvar al pueblo y gobernar con justicia? NO. Afortunadamente él fue perdonando cada una de las ofensas y así se mantenía libre para hacer la voluntad divina.

Actividad de conceptualización

Diga: Durante el tiempo que José fue gobernador de Egipto, Dios lo hizo olvidar el dolor que recibió en su casa y lo prosperó por medio del faraón.

Narre cómo fue su labor y enumere cómo el faraón lo recompensó. Faraón le dio:

- el gobierno de Egipto.
- honor, pues todos lo tenían que tratar como a él.
- esposa de la nobleza.
- mansión cerca del palacio.
- carro de lujo.
- sirvientes.
- ropas finas.
- los mejores manjares.
- las mejores tierras.

Pregunte: ¿Cómo sabemos que él estaba sano de las heridas del pasado? Anote en la pizarra las respuestas y añada:

- Al llegar al poder no se vengó, no se desquitó.
- No maltrató a las personas que estaban bajo su autoridad.
- Les puso a sus hijos los nombres de Manasés y Efraín, que significan: Dios me hizo olvidar todos mis sufrimientos y Dios me hizo fructificar en la tierra de mi aflicción.

Él entendió que sus hermanos pensaron hacerle mal, pero Dios lo encaminó a bien para salvar de la muerte a muchos.

Aplicación

Presente el verso para aprender y **diga:** el perdón, como esta tijera, nos mantiene libres y sanos emocionalmente. (Corte los hilos con que ató al joven). Te invito a perdonar a aquellos que te han lastimado. Te preguntarás: ¿cómo lo hago? Te ayudará el recordar que es un proceso y que Dios estará a tu lado para ayudarte a dar pasos hasta lograrlo.

Pasos para lograr el perdón:

- Está bien que sientas coraje y dolor por la injusticia.
- Evalúa el costo.
- Humaniza al agresor.
- Pídele a Dios que te ayude a perdonar como Él te perdonó.
- Enfócate en el presente.
- Ora por esa persona y bendícelo.

Ore con ellos.

Actividad manual

Entregue el siguiente acróstico para que ellos lo decoren y enmarquen.

Pídele a Dios que te ayude a perdonar.

Evalúa el costo de lo que te hizo.

Rinde tu deseo de venganza.

Dale tu bendición al agresor.

Ora por esa persona.

No olvides que esa persona es humana.

Ahora, enfócate en el presente.

Hemos llegado al final de esta serie. Espero que hayas experimentado el privilegio de nacer en la familia de Dios a través de nuestro Señor y Salvador Jesucristo. También, que hayas conocido un poquito más el carácter de nuestro Dios. Él es el Padre amoroso, sabio, justo, perdonador y todopoderoso, entre otros. Su providencia en la vida de sus hijos es maravillosa. Dios puede transformar cualquier circunstancia dolorosa en una bendición para sus hijos. (Coloque la lámina 14 y vaya cambiando las franjas de la túnica resaltando el poder de Dios). En la vida de José, Dios transformó la secuela del favoritismo de Jacob en reconciliación entre los miembros de la familia; la pérdida de la madre de José en consolación; el abuso verbal con su mal nombre en un nombre nuevo, *Zafnat-panea*; el reto doloroso de aprender dentro de la cultura egipcia siendo un esclavo, en realización de su sueño; el abuso sexual por parte de la esposa de Potifar, en el genuino amor de una noble esposa llamada Asenat; la presión de grupo surgida en la cárcel, por fortaleza para afrontar los días de sequía y el perdón dado a sus hermanos en salud y alegría.

José dijo a sus hermanos: «Ustedes se propusieron hacerme mal, pero Dios dispuso todo para bien. Él me puso en este cargo para que yo pudiera salvar la vida de muchas personas». (Génesis 50:20 NTV)

Recuerda, cualquier situación que estés enfrentando puede convertirse en una oportunidad de aprendizaje y de desarrollo para tu carácter. Dios te ama y tiene un maravilloso plan para ti.

Descargue todas las láminas para presentación digital o para imprimir.

L
Á
M
I
N
A
S

5

Y

6

ENVIDIA

7

8

Coloree las listas de las túnicas de diferentes colores. Use la túnica **a** para las lecciones y la **b** para el resumen de la serie. Recorte la lista que lleva el tema de la lección y péguela sobre la túnica de la figura 14.

www.ingramcontent.com/pod-product-compliance
Lightning Source LLC
Chambersburg PA
CBHW042006100426
42736CB00038B/84